Ali Baba und die 40 Räuber

Schwager & Steinlein

Im tiefsten Arabien lebte einmal in einer großen Stadt ein Wasserverkäufer namens Ali Baba mit seiner Frau. Jeden Morgen belud er sein Maultier mit zwei leeren Tonkrügen und holte von einer einige Meilen entfernten Oase Wasser, das er dann an durstige Wanderer verkaufte. Davon lebte er mehr schlecht als recht in einer bescheidenen Hütte, ganz im Gegensatz zu seinem Bruder Kasim, der eine reiche, aber neidische Frau geheiratet hatte und darüber selbst zum Geizhals geworden war.

Als Ali Baba eines Abends müde nach Hause zurückkehrte, sah er in einiger Entfernung eine wilde Reiterschar über die Dünen preschen. Sie waren schwer bewaffnet, und ihre Gesichter verhießen nichts Gutes. Aus purer Neugier folgte Ali Baba den Hufspuren im gelben Sand. Wenn es wirklich Räuber waren – was hatten sie vor?

Der Trupp galoppierte auf einen Gebirgszug zu und blieb schließlich vor einer Felswand stehen. Schnell verbarg sich Ali Baba hinter dem dicken Stamm einer Palme, und so wurde er Zeuge eines höchst erstaunlichen Schauspiels. Insgesamt zählte er vierzig Reiter. Ihr Anführer stieg vom Pferd und näherte sich der Felswand.

Mit lauter Stimme rief der Anführer:

„Sesam öffne dich!“

Daraufhin schob sich ein Teil der Wand zur Seite und gab den Eingang zu einer Höhle frei, in der alle vierzig verschwanden, nachdem sie ihre Pferde an den Vorderbeinen gefesselt und so am Weglaufen gehindert hatten. Als sie nach geraumer Zeit wieder herauskamen, rief der Anführer:

„Sesam schließe dich!“

Die Felswand schloss sich wieder, und nichts an ihr verriet irgendetwas Ungewöhnliches. Die vierzig Reiter stoben in einer Staubwolke davon, und als Ali Baba sicher war, dass sie so schnell nicht zurückkommen würden, näherte er sich selber der Felswand und wiederholte mit etwas zaghafter Stimme die Zauberworte:

„Sesam öffne dich!“

Und wirklich: Der Zauberspruch öffnete auch ihm den Eingang. Was Ali Baba in der Höhle sah, raubte ihm jedoch fast den Atem: Unzählige Kisten und Kästen voller Goldmünzen, Schmuck, reich geschmückter Gefäße und glitzernder Juwelen waren in diesem Versteck aufgetürmt.

Nun wusste Ali Baba sicher, dass es sich wirklich um Räuber handelte. Aber er konnte

der Verlockung nicht widerstehen und füllte die beiden Tonkrüge, die sein Maulesel auf dem Rücken trug, bis zum Rand mit allem, was er in der Eile zusammenraffen konnte. Dann verließ er die Höhle und verschloss die Felswand mit den Worten:

„Sesam schließe dich!"

Jeder kann sich die freudige Überraschung seiner Frau vorstellen, als Ali Baba mit seinen vollen Krügen nach Hause kam. Mit diesem Schatz hatten sie für lange Zeit ausgesorgt. Und sie beschlossen, niemandem etwas über die Herkunft ihres Reichtums zu erzählen.

Nur seinem Bruder Kasim berichtete Ali Baba von seinem Abenteuer, und dieser weihte natürlich auch seine Frau ein. Es ließ den beiden keine Ruhe, als sie hörten, dass die Höhle noch mehr unschätzbare Reichtümer barg. Alle Warnungen Ali Babas waren vergebens. Mit sechs Maultieren zog Kasim los, die Schatzhöhle zu räumen.

Auch Kasim bereitete es keine Mühe, in die Höhle einzudringen. Gierig wie er war, fiel ihm die Wahl jedoch so schwer, dass er seine Säcke immer wieder neu packte, weil ihm das, was zurückbleiben sollte, doch wieder wertvoller erschien als das, was er schon eingepackt hatte.

„Das sollst du mit deinem Leben büßen, du elender Eindringling!“, ertönte plötzlich hinter ihm eine wütende Stimme. In seiner Gier hatte Kasim nicht bemerkt, dass die Räuber zurückgekommen waren. Wutentbrannt stürzten sie sich auf ihn, aber weil sie es eilig hatten, eine ganz in der Nähe vorüberziehende Karawane auszurauben, ließen sie den Leichnam samt den Maultieren in der Höhle zurück.

Ali Baba ahnte nichts Gutes, als der Bruder nicht zurückkam. Am nächsten Tag ging er selbst zur Höhle und rief:

„Sesam öffne dich!"

Er fand den toten Bruder liegend auf einem Berg von Gold und Edelsteinen, und er beweinte ihn aus ehrlichem Herzen. Er begrub ihn unter einigen Palmen, und da er fand, es wäre schade um ein so praktisch hergerichtetes Vermögen, nahm er die vollbepackten Maultiere mit. Nun war er reich, konnte sich ein schönes Haus kaufen und sich und seiner Familie auch sonst alle Wünsche erfüllen.

Aber Ali Baba dachte nicht nur an sich selbst. Keinem, der in Not war, verweigerte er seine Hilfe, und der Ruhm seiner Großzügigkeit verbreitete sich nah und fern. Schließlich hörte auch der Anführer der vierzig Räuber davon, den die ohnmächtige Wut angesichts seiner ausgeraubten Schatzhöhle nicht mehr ruhig schlafen ließ.

„Das muss der freche Dieb sein", sagte er zu seinen Gefolgsleuten. „Dem werden wir eine Lektion erteilen!"

Und er dachte sich einen schlauen Plan aus. Er ließ vierzig riesige Tonkrüge anfertigen, so groß, dass in jedem ein Mann Platz hatte. Einen der Krüge füllte er mit Öl, in die anderen ließ er seine Männer kriechen. Mit den Krügen belud er zwanzig Maultiere und zog, als Händler verkleidet, zu Ali Babas Haus.

„Man hat Eure Gastfreundschaft überall gelobt, ehrwürdiger Ali Baba“, sprach er. „Erlaubt, dass ich die Nacht in Eurem Haus verbringe und morgen ausgeruht meinen Weg fortsetze.“

Freundlich lud ihn Ali Baba in sein Haus ein und schlug ihm vor, die Tonkrüge im Hof abzustellen. Auf die Frage, was denn darin sei, antwortete der falsche Händler: „Feinstes Öl, ich bringe es nach Marrakesch!“ Zum Beweis ließ er seinen Gastgeber ein paar Tropfen aus dem einzigen Ölkrug kosten.

Einige Zeit später setzten sich die beiden zum Abendessen nieder. Da merkte Ali Babas Frau, dass ihr das Öl zum Kochen ausgegangen war. Und da sie dachte, der Händler könne eine so geringe Menge wohl entbehren, ging sie in den Hof und klopfte an einen der Krüge, um zu sehen, ob er voll war. Aber wie staunte sie, als sie aus dem Innern des Kruges eine leise Stimme vernahm: „Ist es schon Zeit?“

Die Frau erschrak nicht schlecht, fasste sich aber rasch und antwortete: „Noch nicht!“

Nun ging sie von Krug zu Krug, klopfte jedes Mal leise daran, und neununddreißigmal hörte sie eine dumpfe Männerstimme fragen: „Ist es schon Zeit?“

Und jedes Mal antwortete sie: „Noch nicht!“

Dann lief sie schnell aus dem Haus und berichtete der Stadtwache, was sie entdeckt hatte. In den Krügen mussten sich 39 Räuber verbergen, die sie sicher des Nachts überfallen und ausrauben wollten.

Die Wachsoldaten folgten ihr auf dem Fuße und umstellten den Hof.

Inzwischen ging die Frau wieder ins Haus zurück und gesellte sich zu den Männern, die auf das freundschaftlichste miteinander plauderten und der guten Dinge harrten, die die Frau, wie sie glaubten, unterdessen für sie zubereitete.

„Vielleicht sollte ich Euch einen der Krüge als Wintervorrat abkaufen", sagte Ali Baba gerade.

„Es wäre mir ein Vergnügen", sagte der Räuberhauptmann. „Ihr werdet sehen, Ihr findet nirgendwo besseres Öl."

„Das will ich meinen", warf nun die Frau ein. „Welches Öl fragt einen schon nach der Uhrzeit?"

Ali Baba meinte zunächst, seine Frau habe zu lange in der Sonne gesessen, aber da sprang der Räuberhauptmann auf und wollte auf ihn losgehen, wären nicht im gleichen Augenblick zwei Soldaten erschienen und hätten ihn festgenommen. Da erkannte Ali Baba, aus welcher Gefahr ihn die Wachsamkeit seiner Frau gerettet hatte.

Später berichtete er den Wachsoldaten von der Schatzhöhle und allem, was sich dort abgespielt hatte. Soweit sich herausfinden ließ, wem die Schätze gehörten, gab man sie den Beraubten zurück. Den Rest teilte der Kalif mit Ali Baba, dessen Vermögen dadurch noch größer wurde.

Die Felsplatte am Eingang der Höhle zersprang in tausend Stücke, nachdem die Wachen sie leer geräumt hatten. Damit war der Zauber vorüber. Heute machen alle Beduinen und Reisenden, die des Weges kommen, an dieser Stelle Halt, rieselt in der Höhle doch nun ein kristallklares Bächlein. Und ist Wasser mitten in der Wüste etwa kein Wunder?

Praktische Vorlesetipps

Konzentration fördern
Ermuntern Sie Ihr Kind, ganz genau hinzuhören, indem Sie Fragen zur Geschichte stellen.

Beispiel: *Was ist passiert?*

Zum Nachdenken anregen
Beziehen Sie Alltagserfahrungen Ihres Kindes ein.

Beispiel: *Was würdest du in dieser Situation tun?*

Kreativität fördern
Regen Sie Ihr Kind an, die Geschichte weiterzuerzählen oder ein Bild dazu zu malen.

Beispiel: *Welche weiteren Abenteuer könnten die Figuren noch erleben?*